FRAGMENS

STENOGRAPHIÉS

DES PLAIDOIRIES

DE

Mᵉ JANVIER,

AVOCAT A ANGERS,

AUX ASSISES DU LOIRET,

DANS LES PROCÈS POLITIQUES DE L'OUEST.

ORLÉANS,

IMPRIMERIE DE GUYOT AÎNÉ, RUE DES TROIS-MARIES.

1832 - 1833.

PLAIDOYER

POUR

BOURDIN, BRYON ET CHERRIÈRE.

JE n'aurais pas l'orgueil de croire que quelque bruit de mon nom fût arrivé jusqu'à vous, si ce n'était la mission que naguère j'accomplissais au sein d'une cité voisine. C'est la même que je viens poursuivre devant vous. Je ne vous répéterai point quels motifs m'ont déterminé à l'entreprendre. Peut-être croirait-on que je demande grâce à l'intolérance des partis : et que m'importent les partis, leurs exigences et leurs ressentimens, dès qu'il s'agit de mes devoirs ! chacun choisit les siens selon sa conscience et son courage. Je m'en suis fait un sacré de courir défendre en tous lieux, le plus possible, des hommes accusés d'une participation prétendue ou réelle à la dernière insurrection de l'Ouest. L'indignation m'a pris, que cette déplorable insurrection, dont la naissance n'a été qu'une agonie, et qui a été trop facilement domptée pour être sévèrement punie, eût pourtant servi de prétexte à des accusations innombrables. J'ai cru que travailler à leur ruine était un but digne du libéralisme que je professe et que je pratique. Je ne vous tairai pas qu'il n'a rien de commun avec le patriotisme vulgaire, qui, pour ceux qu'il appelle avec mépris, avec fureur, des *chouans*, ne demande que des jugemens et des supplices. C'est à lui, je le sais, que, de nos jours, la grande prostituée de la politique, la Popularité accorde ses faveurs. Grâce au ciel, je puis m'en passer, et sans m'inquiéter si elle me blâme ou m'approuve, je m'en vais par la France, d'une vie errante, et comme un missionnaire de justice et de clémence, au profit de ceux dont, s'ils eussent été vainqueurs, j'aurais été l'adversaire, qui, vaincus, sont devenus mes cliens, et plusieurs, mes amis.

» Je vous l'avoue, messieurs, j'arrive parmi vous avec l'espérance que de nouveaux succès s'ajouteront à ceux que déjà j'ai obtenus, et que je vous proposerais en exemple, si je ne savais que vos propres inspirations vous suffiront pour rendre à votre tour la justice politique comme il convient qu'elle soit rendue. Sans doute celle-ci n'est pas partout la même, et c'est d'elle qu'il serait permis de s'écrier avec l'amère ironie de Pascal : « Bizarre justice, qui varie » sous chaque méridien, et qui se montre implacable ou » généreuse en-deçà ou au-delà d'une montagne ou d'une » rivière ! » Mais, nonobstant ces chances qui lui sont nécessairement attachées, ou plutôt à cause d'elles, la justice politique s'adoucit et s'épure à mesure qu'elle s'éloigne davantage des passions propres à l'irriter et à la corrompre.

» Comment, d'ailleurs, messieurs, pourriez-vous méconnaître les principes qui doivent la dominer ; ma surprise et ma douleur seraient d'autant plus grandes, que l'Ouest lui-même, qui un instant avait oublié ces éternels principes, la providence de tous les partis aux jours de la défaite ; l'Ouest, vous dis-je, semble enfin s'en ressouvenir ; il n'a plus ces colères ardentes dont il frémissait il y a quelques mois. Lorsque je me présentai pour la première fois devant un jury étranger, j'étais sous l'impression encore récente des scènes exécrables dont en partie j'avais été ou pu être le témoin. Je suis jaloux, messieurs, de l'honneur de mon pays, mais non à ce point de déguiser la vérité pour le flatter et pour lui plaire ; et j'aurais cru être le vil courtisan de masses égarées par un petit nombre de pervers, si je n'avais dénoncé à la France des scandales et des attentats presque inouis dans nos fastes judiciaires. J'avais le cœur déchiré d'accuser ainsi mon pays, non de ce qu'il

avait commis, seulement de ce qu'il avait souffert ; je lui
dois une éclatante réhabilitation ; et je me trouve heureux
de proclamer que cette justice , qui naguère se vit forcée de
suspendre son cours afin de ne pas compromettre sa dignité
et sa liberté, pourrait désormais s'exercer sans entraves et
sans outrages.

» Ce qui me donne le droit de l'affirmer, c'est le grand
événement dont il vient d'être le théâtre : vous pressentez
que je veux parler de l'arrestation de cette princesse qui
était le vivant symbole de la guerre civile. Quels ressentimens n'étaient pas conjurés contre elle ! que de malédictions
ne la poursuivaient pas ! qui ne craignait qu'à l'instant où
enfin elle serait saisie, ce lion qu'on nomme le peuple
ne s'élançât sans qu'on pût l'arrêter ! Je le confesse , je
n'avais pas assez de vœux pour sa fuite ; je redoutais que
la révolution de juillet n'eût ses Septembriseurs avides de
brandir dans les airs sa tête mutilée, et de disperser dans
les chemins les membres déchirés d'une nouvelle Lamballe.

» Il est des erreurs, mais dont l'aveu ne coûte point. Je
m'étais trompé ; j'avais, dans ma pensée , calomnié tout un
peuple ; ce peuple a été sublime, il a su respecter ce qu'il
doit y avoir en effet de plus touchant et de plus sacré pour
les hommes, une puissance tombée, une grande infortune,
une femme de courage, et une mère qui se dévoue pour
son fils.

» La ville qui a donné cet exemple de modération mag-
nanime, doit être glorifiée entre les villes de France.

» C'en serait assez pour expier d'affreux excès que je lui
ai trop amèrement reprochés devant un autre tribunal, et
que je rappelle à dessein. Ils avaient été exercés contre
un vieillard septuagénaire, l'un des plus beaux et des plus
purs représentans de l'antique fidélité, de la fidélité chevaleresque ; ce Kersabiec sur lequel, depuis, ses filles, gra-
cieuses et touchantes Antigones, ont jeté l'éclat de leur propre

dévoûment. Kersabiec fut suivi devant ses prétendus juges par une populace qui voulait sa tête, et qui n'ayant obtenu que son éternelle captivité, se rua sur la place publique, et poussa sa fureur et ses cris à ce point, qu'elle reçut la promesse presque officielle du sang dont elle avait soif. Nantes asssurément n'était pas complice d'une bande de forcenés ; mais la force des circonstances les lui faisait subir. Admirez quel prodigieux changement dans les instincts populaires : ce Kersabiec, pour qui la peine terrible dont il était frappé ne paraissait pas suffisante, Kersabiec vient d'être acquitté ; la nouvelle en est parvenue là où tant de vengeances s'étaient déchaînées contre lui, et il n'y a pas eu une menace, un murmure, attentatoires à l'arrêt libérateur. Cette fois, l'Émeute n'a pas osé protester contre la Justice.

» Prenez garde, messieurs, que Nantes est le centre et le type du patriotisme dans l'Ouest.

» Il est donc impossible de ne pas reconnaître dans les événemens que j'en raconte, et qui ne sont pas isolés, les éclatans symptômes d'un retour aux sentimens et aux principes qui lui sont naturels, qui sont tous de générosité et d'honneur. Avec ses anxiétés ont cessé ses égaremens. Il a compris que dans les guerres civiles il s'agissait de combattre et non de condamner ; il a compris que deux partis qui luttent entre eux sont dans les mêmes rapports que deux peuples : chacun met la force au secours de ce qu'il croit la raison ; chacun en appelle au Dieu des batailles ; mais quand ce Dieu terrible a prononcé, c'est un monstrueux abus de la part des vainqueurs d'employer contre les vaincus le ministère des bourreaux et des juges ; pour répéter ce qui a été dit quelque part : « La clémence doit » être l'aumône de la victoire. »

» C'est la doctrine, je ne vous le cache point, que je me propose de soutenir devant vous ; et si elle ne triomphait pas, après avoir souhaité pour nos cliens la justice de vos pacifiques contrées, je regretterais celle qui un instant nous avait épouvantés.

» J'espère que ce qui nous a été accordé à titre de bienfait, ne tournera pas à notre perte. Le génie des réactions politiques ne peut avoir remonté le fleuve qui unit nos deux patries; ce génie dont le règne n'est jamais qu'éphémère en France, n'a pas déserté nos rivages pour les vôtres. Si pourtant il se présentait dans ce sanctuaire, hâtez-vous de l'en bannir; c'est plus qu'un étranger parmi vous, c'est un corrupteur. Ne cédez pas à ses suggestions; je vous en avertis, je lui réserve bien des anathèmes; et si je vous préviens contre lui, si je détourne vos consciences de se préparer des remords, tout inconnu que je suis, vous m'accorderez quelque droit à votre bienveillance. Malheureusement je ne puis y prétendre par anticipation. Cependant aujourd'hui elle me serait bien nécessaire, elle aiderait puissamment à mes efforts.

» J'ai, messieurs, dans cette grande cause, une grande tâche à remplir. Sans fausse modestie, je crains d'avoir entrepris au-delà de mes forces. A moi seul, parmi ces vingt-huit accusés, j'en ai cinq à défendre : vous savez lesquels.

» J'entrevois avec inquiétude la longue carrière que je dois parcourir. Afin de l'abréger je voudrais comprendre tous mes cliens dans une défense commune; mais celle de Bourdin, de Bryon, de Cherrière, est fondamentale; celle des frères de Beauchamp n'est qu'épisodique. Vous devez être convaincus de l'impossibilité de les confondre; l'ordre des débats exige que pour l'une je prenne le premier la parole; pour l'autre, je la prendrai le dernier.

» Je ne me dissimule pas que je commence ainsi par les difficultés du procès. Il est probable qu'à beaucoup de ceux qui m'écoutent, qu'à plusieurs de vous peut-être, messieurs les jurés, je semble téméraire de tenter une justification quelconque de Bourdin, de Bryon, de Cherrière.

» On se demande ce que je puis, ce que je vais dire pour eux. Mais je ne dirai rien que de vrai, et je ne m'en fais pas un mérite, si mérite il y a; il leur appartient à eux seuls : car ils ont tout avoué, tout et plus que n'ont révélé les témoignages. Mais ce n'est pas assez, dans une accusation criminelle, que les faits soient certains; il importe aussi, il importe surtout de considérer quel caractère de gravité ou d'excuse les lois attachent à ces faits contestés. »

Ici l'avocat est entré dans la discussion des faits de la cause.

Il a d'abord démontré, par une force d'argumens de fait et de droit, que la conduite des accusés ne constituait pas l'attentat, mais tout au plus le complot suivi d'actes préparatoires.

Cette partie de la discussion, par sa rapidité et son étendue, a échappé nécessairement à toute analyse.

Il en a été de même, ou à-peu-près, de la seconde partie, qui avait pour but d'invoquer en faveur des accusés le bénéfice de l'article 100 du code pénal, ainsi conçu :

« Il ne sera prononcé aucune peine, pour le fait de sédition, contre ceux qui, ayant fait partie de ces bandes sans y exercer aucun commandement, et sans y remplir aucun emploi ni fonction, se seront retirés au premier avertissement des autorités civiles ou militaires, ou même depuis, lorsqu'ils n'auront été saisis que hors des lieux de la réunion séditieuse, sans opposer de résistance et sans armes.

» Ils ne seront punis, dans ces cas, que des crimes particuliers qu'ils auraient personnellement commis; et néanmoins, ils pourront être renvoyés, pour cinq ans ou au plus jusqu'à dix, sous la surveillance spéciale de la haute police. »

Après avoir commenté cet article, Me Janvier a continué à-peu-près en ces termes :

« Je demanderai donc à ce sujet, ce qui ne pourra

m'être refusé, que des questions subsidiaires vous soient sou-
mises. Peut-être essaiera-t-on d'empêcher la solution affirmative de ces questions, en prétendant que les deux
conditions exigées par l'article 100 ne concourent pas en
faveur des accusés. Je maintiens, moi, qu'elles existent, et
un examen scrupuleux des faits va vous en convaincre.

» Quelle est la première de ces conditions ? de n'avoir
exercé dans les bandes ni commandement, ni emploi, ni
fonction. Je recommande le sens de ces mots à votre mé-
ditation ; quant à moi, j'imagine les comprendre avec exac-
titude. La loi n'entend pas priver de son bienfait des rebelles qui, par leurs antécédens, leur caractère, leur
courage, leur talent, enfin par une supériorité personnelle,
auraient exercé sur leurs compagnons une influence, une
direction morale. Le code pénal n'est impitoyable que pour
ceux qui auront exercé cette influence, cette direction, à
l'aide d'une prééminence officielle. Je ne pense pas qu'il soit
possible d'équivoquer à cet égard ; pour être hors des termes
de l'article 100, il faut avoir été commandant, employé et
fonctionnaire à ce titre, et non pas seulement s'être distingué
par ses discours et ses actes dans la troupe séditieuse à laquelle on se trouvait mêlé ; il faut (je varie à dessein l'ex-
presssion de ma pensée pour qu'elle devienne plus claire)
avoir exercé une suprématie de fait et non une suprématie
de droit, une autorité permanente et non une autorité ac-
cidentelle.

» C'est particulièrement dans l'intérêt de Bourdin qu'il
est essentiel de ne pas confondre deux situations, quoique,
au premier abord, elles se ressemblent. Bourdin a été, dans
les bandes dont il a fait partie, un homme de tête et de
cœur ; mais il n'y a pas eu de rang ni de grade ; il n'est pas
un seul fait duquel on puisse induire qu'il ait été reconnu
comme un supérieur titulaire. Comment l'eût-il été ? les
individus qui l'accompagnaient n'étaient encore soumis à

1*

aucune organisation. Tous, sans doute, pendant sept jours, se sont rencontrés, rassemblés, concertés, assistés ; il y a eu coopération mutuelle, mais aucune hiérarchie n'a été constituée entre eux. Ils se rendaient à Noyen ; l'accusation l'a dit dès l'origine. Les accusés reconnaissent que c'était là le rendez-vous général ; mais là seulement ils devaient trouver des chefs, et se régulariser en troupe pour être conduits à Chanay, au quartier-général du commandant suprême de l'insurrection dans les départemens de la Sarthe et de la Mayenne.

» Je conviens qu'arrivé à Noyen, Bourdin eût été certainement investi d'un grade, d'un emploi ; mais il ne l'avait pas encore ; ce n'était qu'une expectative, et dans le sens de l'article 100, il faut qu'il y ait une possession.

» Dira-t-on qu'en attendant son commandement définitif, Bourdin en avait pris ou reçu un provisoire, à l'effet de recruter et de conduire des auxiliaires au rassemblement de Noyen ? »

Ici, de nouveau, la discussion s'est lancée dans des détails de fait, qui défient l'attention et l'habileté du sténographe.

« Ainsi, messieurs, Bourdin, malgré de fâcheuses apparences, n'est pas, par sa position et sa conduite dans les bandes, tellement en dehors de l'article 100, que cet article ne puisse lui être appliqué. Mais si, rigoureusement, le bénéfice lui en était dénié, il n'en pourrait être de même à l'égard de Bryon. »

Nous regrettons de ne pas pouvoir reproduire la démonstration relative à Bryon, qui a répandu sur ce vieillard le plus puissant intérêt ; qui a fait ressortir tout ce qu'il y avait en lui d'héroïsme et de naïveté ; qui l'a montré allant en guerre une badine à la main et chaussé d'escarpins, ayant besoin de son petit-fils pour guide, n'étant pour son parti qu'un *vénérable embarras*, qu'un Bélisaire de la légitimité.

Quant à Cherrière, le défenseur ne comprend pas comment l'accusation a pu lui décerner le titre de chef ; et à l'appui de son étonnement, l'avocat a su tirer parti de toutes les circonstances qui pouvaient placer Cherrière dans une position différente de Bourdin et de Bryon.

« Je crois, messieurs, vous avoir prouvé que mes cliens, que les deux derniers au moins n'étaient pas , à raison de leur qualité dans les bandes, exclus du bienfait de l'article 100,

» Mais, reste à savoir s'ils ont également satisfait à la seconde condition exigée par la loi : elle consiste, vous le savez, à se rendre immédiatement après le premier avertissement de l'autorité , ou bien à être arrêté, même depuis , mais *hors des lieux de la réunion séditieuse*, sans opposer de résistance et sans armes,

» Ici, je n'ai pas besoin de démontrer que mes cliens sont dans ce cas. Qui de vous a oublié les circonstances de leur arrestation ? »

L'avocat a rappelé rapidement toutes ces circonstances. Il est arrivé à cette conclusion, qu'en faveur de ses cliens concouraient les deux conditions exigées par l'article 100.

« Et, a-t-il dit, l'accusation aurait beau le leur chicaner impitoyablement, à votre place je serais peu touché des argumens qu'elle me présenterait ; à votre place, messieurs, si elle me démontrait qu'en droit strict et subtil il n'est pas applicable, eh bien ! placé entre une condamnation atroce et une absolution entière, mon choix ne serait pas douteux ; j'absoudrais, messieurs : oui, en conscience, j'absoudrais ; et, à qui me demanderait les motifs d'une indulgence si hardie, je les déclarerais, comme je vais le faire à vous-mêmes.

» Ces motifs, je les puise dans la vie entière de ces hommes. Honte ! malheur à moi ! si je les punissais d'y être restés fidèles ! Il me suffira de vous la raconter rapidement, pour qu'aux yeux de quiconque ne méprise pas la bonne foi et le dévouement, elle excuse, je dirai plus, pour qu'elle sanctifie leurs dernières erreurs. »

Cette vie a été racontée en effet de manière à subjuguer les sympathies de l'auditoire pour les trois accusés ; de manière à leur concilier l'estime de ceux-là même qui les ont accusés et condamnés.

« Ainsi, Bourdin, Bryon et Cherrière vivaient au Mans dans une communauté de souvenirs et de sentimens. Oserait-on leur en faire un crime, si plus d'une fois ils avaient pleuré ensemble la dynastie exilée, s'ils avaient tressailli en se racontant les sacrifices par lesquels chacun d'eux lui avait témoigné son dévoûment, et si même ils s'étaient promis qu'ils ne seraient pas les derniers à répondre à l'appel que quelque jour la royauté légitime ferait à leur vieille fidélité?

» Il est, j'en conviens, presque impossible qu'il n'y ait pas eu entre eux de ces confidences, de ces épanchemens ; mais jamais il n'y a eu rien de plus : abandonnés à eux-mêmes, jamais ils n'auraient conspiré que de regrets et de desirs. L'accusation le reconnaît.

» Elle les signale comme ayant été embauchés par quelques-uns des émissaires qui avaient parcouru l'Ouest avant la dernière insurrection, et auxquels la ville du Mans n'offrait pas d'hommes plus faciles à subir leurs séductions que Bourdin, Bryon et Cherrière. Messieurs, ils ne nommeront personne, et s'ils ont prononcé quelques noms, n'y prenez pas garde, ce sont des noms en l'air. Le rôle de dénonciateur ne leur va pas, et dût leur silence leur devenir funeste, ils ne le rompront pas. Moi-même, je l'avoue, je leur en ai donné le conseil ; car je préfère leur honneur à leur salut. Quand on s'engage, leur ai-je dit, dans la voie des conspirations, il ne faut pas reculer devant l'échafaud, et plutôt que de révéler ses complices, on doit se taire et mourir. Vous avez pratiqué ce devoir sublime, jeunes gens dont la

mémoire m'est chère et sacrée, et pour qui je porte dans
mon cœur une invincible tendresse, sans avoir pourtant
jamais partagé ni approuvé vos projets ; Bories, Raoul,
Pommier, conspirateurs si beaux et si purs, vous refusâtes
de racheter une vie d'enthousiasme par une infamie, et
vous méritâtes qu'un de ceux que vous aviez sauvés laissa
échapper ces paroles de reconnaissance et d'admiration :
Ils sont bien morts ! Oui, vous êtes bien morts, et je vous
en glorifie, non pas au nom d'un parti, mais de ce qui
peut et doit être leur principe à tous, au nom de l'honneur.

« Bourdin, Bryon et Cherrière ne trahiront pas ses exigences ; soit qu'ils les connaissent ou non, ils ne dénonce-
ront nul de leurs instigateurs. Ceux-ci étaient animés par
une foi sincère, qu'ils cherchaient à propager et surtout à
stimuler dans ceux qui déjà l'éprouvaient. Le prosélytisme
est la conséquence naturelle et légitime de l'enthousiasme.
Mes cliens dédaignent et je repousse pour eux la honteuse
ressource de se dire trompés et séduits. Sans doute ils l'ont
été, mais par des hommes qui étaient eux-mêmes trompés
et séduits les premiers. Dans mon impartialité historique,
j'entends avec peine présenter sans cesse les insurrections
de l'Ouest comme une intrigue : messieurs, soyons justes envers nos adversaires vaincus ; de leur part, il n'y a pas eu
intrigue, il y a eu entraînement ; le parti royaliste tout entier
s'est ému à la nouvelle qu'une princesse, dont il pressentait
l'héroïsme, avait résolu de braver les lois qui l'avaient bannie
de cette France qu'à tort, suivant moi, elle croit l'inamis-
sible patrimoine de son fils. Les fidèles se sont répétés les
uns aux autres : Madame *arrive, il faut nous préparer.*
J'ignore d'où l'impulsion est partie ; s'il faut dire mes
conjectures, la princesse n'a point envoyé d'ordre, mais
sa présence a été prise pour un signal par des amis im-
prudens ; peut-être ne songeait-elle qu'à conférer avec
eux, et de suite ils ont parlé de combattre pour elle.

» Delà , messieurs , les événemens du Midi et de l'Ouest.

» Vous auriez raison de ne pas croire Bourdin , Bryon et Cherrière, s'ils persistaient dans des dénégations sans intérêt et sans dignité , qui s'expliquent et s'excusent par les temps et les lieux où ils les ont faites. A cette audience, ils vous ont franchement déclaré les pratiques dont ils avaient été l'objet. Elles ne remontent pas au-delà du mois d'avril ou mai dernier. A la vérité , on avait fait à Bourdin , à une époque antérieure, des insinuations , mais vagues et stériles. Bourdin n'y attacha pas d'importance ; il est probable qu'elles n'en avaient pas. Des ouvertures sérieuses ne furent faites , tant à Bourdin qu'à Bryon et Cherrière , qu'à propos du débarquement sur les côtes de Provence , de la mère du pré‐ tendant. L'échec de Marseille et le naufrage de la Ciotat firent croire que la princesse avait fui loin de nos rivages, et tous les projets qu'avait suscités sa venue, furent aban‐ donnés. Quelles ne furent pas la surprise et la joie de son parti , en apprenant qu'elle avait presque miraculeusement traversé le royaume , et qu'elle était au sein des pays les plus dévoués à sa cause ! Ce fut dans la Bretagne, la Vendée, l'Anjou et le Maine , un frémissement mystérieux , dont la police fut assez malhabile pour ne pas surprendre les signes et prévenir les effets. Elle ne sut pas arrêter au passage ce mot d'ordre qui courut de proche en proche : « Aux armes ! » MADAME est retrouvée , MADAME est au milieu de nous ! » aux armes donc ! aux armes ! » Ils partirent , vous savez le reste. On leur avait dit à eux et à d'autres de se réunir , et ils se formèrent en bandes ; on leur avait dit d'apporter des armes , et s'ils n'en avaient pas, de s'en procurer par la force ; ils employèrent la force. Pourquoi énumérer leurs actes di‐ vers ? tous ont été la conséquence nécessaire de l'obéissance à laquelle ils se croyaient engagés. Est‐il vrai qu'ils le crussent sincèrement, profondément ? pour moi , toute leur cause est là. Je le demande donc , et puisque sur votre tribunal il n'est

permis de répondre que par un irrévocable arrêt , je m'a-
dresse à M. l'avocat-général lui-même ; il ne peut garder le
silence lorsque j'en appelle avec tant d'instance et de solennité
à sa franchise, à sa justice, à tout ce qu'il y a de noble et de
pur en lui ; qu'il nous déclare, à vous et à moi, s'il n'est pas
convaincu que mes cliens ont cédé au devoir et à l'honneur,
comme ils étaient accoutumés de les comprendre. Je ne
doute pas de la réponse du vertueux magistrat. Eh bien !
messieurs , suivant moi, cette réponse vaut l'abandon de
l'accusation.

» Dira-t-il que tout au plus je puis m'en prévaloir pour
obtenir de vous une déclaration de circonstances atténuantes ? Oh ! messieurs , je vous en supplie, n'allez pas adopter
ce moyen terme. Souvent la déclaration de circonstances
atténuantes est un bienfait que je ne repousse point, que je
sollicite pour les accusés ; mais aujourd'hui ce serait un
horrible piége de vous en parler.

» Sans doute une déclaration pure et simple de culpabilité aurait pour résultat inévitable une condamnation à mort.
Une condamnation à mort pour des faits politiques ! ah !
je me répéterais moi-même si je débattais devant vous une
thèse que j'ai développée , certains disent avec quelque pro-
fondeur, dans un procès mémorable, dans celui de ces bandes
qui pendant plus d'une année avaient parcouru et agité la
Vendée, et contre lesquelles tant de reproches, de ressentimens étaient soulevés. Je démontrai , des hauteurs de la
philosophie , de la religion et de la politique , que les
partis n'avaient pas le droit, après leurs victoires si éphé-
mères et si inconstantes , de s'exterminer judiciairement.
Je crois que mes efforts , couronnés par le succès , ne seront
pas stériles pour l'avenir. Je crois que je n'aurai plus à reprocher à la révolution de juillet de prostituer sa virginité
au bourreau , pour quelques têtes de chouans. Je crois que
Caro et Secondi seront les dernières victimes de la vieille

pénalité, de cette pénalité homicide qui est écrite encore
dans nos lois, mais qui est réprouvée et flétrie dans nos
mœurs. Elle l'est à ce point que désormais tout jury qui
enverra des conspirateurs à l'échafaud, deviendra un jury
célèbre, mais d'une célébrité qui vous ferait horreur, à
vous, messieurs, hommes de paix et de bien, qui ne voulez
pas sortir du sanctuaire, marqués d'une tache de sang.
Cependant c'est à quoi vous devez vous résigner, si vous
n'acquittez pas absolument mes cliens. Vous me croirez
sans peine : j'aime mieux qu'ils meurent que d'être plongés
dans l'horrible séjour des bagnes. Or, c'est ce qui arriverait
si vous déclariez des circonstances atténuantes, avec solution affirmative de toutes les questions. S'agissant de complots et d'attentats commis à l'aide de bandes, les magistrats
ne pourraient appliquer ni la déportation, ni la détention ;
ils n'auraient que l'alternative des travaux forcés à perpétuité
ou à temps..... Merci, merci, d'une telle réduction de
peine! oserait-on nommer cela de la clémence ? ce serait de
l'outrage. Si donc vous ne voulez pas absoudre mes cliens,
tuez-les et ne les déshonorez pas. Je vous nie ce dernier
droit plus énergiquement encore que l'autre. Messieurs,
c'est tout ou rien. Les circonstances de la cause ne sont pas
atténuantes, elles sont justificatives; elles ne diminuent pas
la culpabilité, elles la détruisent. Prenez garde, en effet,
que devant vous ce n'est pas d'une culpabilité matérielle qu'il
s'agit ; votre obligation et votre prérogative sont de considérer surtout la culpabilité intentionnelle. Que de fois ne
vous l'a-t-on pas répété ! que de fois n'est-on pas revenu sur
la définition du mot terrible et solennel qui se trouve au début
de toutes les questions qui vous sont adressées! coupable,
ce n'est pas avoir commis des actes réprouvés par la loi
criminelle, c'est les avoir commis avec le sentiment de leur
perversité morale.

» Or, jamais illusions furent-elles plus sincères, plus

naïves que celles qui ont fasciné la conscience de mes cliens ?

» Ils étaient loin de s'imaginer être des conspirateurs, des rebelles ; ils croyaient être les soutiens, les soldats du pouvoir légitime. N'est-il pas vrai que c'était leur pensée ; qu'ils se regardaient liés par d'anciens sermens ? Ne les mépriseriez-vous pas, si, avec de telles convictions, ils avaient agi autrement qu'ils n'ont fait ? Vous les honorez donc de leur entraînement, de leur erreur. Messieurs, condamne-t-on ceux que l'on honore ? pour les absoudre, vous faut-il un texte précis du code ? Je ne vous le cache pas, cela ressemblerait à une exigence des légistes. Cependant je ne suis pas au dépourvu d'une disposition formelle de la loi, qui confirme mon système de défense. Ecoutez l'article 64 du code pénal. (Ici Me Janvier lit l'article 64.) Messieurs, n'allez pas fausser mesquinement le sens de cet article ; n'allez pas croire que la force qui enlève aux actes les plus criminels en apparence le caractère du crime, n'allez pas croire que cette force ce sont les puissances physiques qui contraignent mécaniquement nos actions ; non, non, il s'agit aussi, il s'agit surtout, messieurs, ici, de ces puissances morales qui subjuguent la volonté. Or, connaissez-vous quelque chose qui ait plus d'empire sur le cœur de l'homme que la croyance opiniâtre, invétérée, d'un grand devoir ? Dans un langage surhumain on a dit que la foi déplaçait les montagnes. Oui, poussé par elle, un homme serait capable de bouleverser l'univers ; mais, quoi qu'il ait commis, la foi dont il a été l'esclave et l'instrument le sauvera au tribunal de Dieu ; il doit en être de même au tribunal des hommes.

» Dès en commençant, je vous ai laissé pressentir que j'appliquais cette doctrine à la guerre civile. En elle-même je la déteste ; je déplore le peuple qui la subit ; que de sang et de larmes ne le condamne-t-elle pas à répandre ! Si donc ce peuple est ma patrie, j'en éprouve d'affreux déchiremens.

2

Est-ce-à-dire que les luttes entre des concitoyens, que ces
luttes parricides, au sein d'une même commune, soient toujours un crime dans la hideuse acception du mot? De mauvaises passions, d'abjects calculs prennent souvent le masque
d'une conviction politique ; mais quand cette conviction
n'est pas feinte, elle absout des égaremens qu'elle a provo-
qués.

» Je le proclame avec d'autant plus de force que naguère
une voix que je suis accoutumé d'admirer et d'honorer, mais
que plus d'une fois j'ai osé contredire, a laissé tomber sur
les crimes politiques des anathèmes exagérés. Avec cette
âpreté incisive et vibrante qui subjugue quand on l'écoute,
cette voix puissante s'est indignée de l'intérêt qui s'at-
tachait aux conspirateurs, aux rebelles. L'impétueux et ha-
bile orateur, qui sait si bien par où prendre le commun des
esprits, a demandé si un obscur voleur, un vulgaire assassin,
ne portaient pas moins de dommages à la société que celui-
là qui se livrait au mouvement des factions, mouvement
destructeur dans lequel s'anéantissent par milliers et les for-
tunes et les existences. Sous le point de vue matériel ; c'est
admirablement raisonner ; mais comment, avec de si hautes
facultés qu'un Dupin, ne pas s'élever au—dessus des
intérêts, jusqu'aux pures et saintes idées de la morale ?
Moi et quiconque n'a pas hérité des désolantes et dégra-
dantes doctrines du 18ᵉ siècle, quiconque a entrevu les
clartés du spiritualisme qui ont lui sur notre siècle, et
qui ne sont obscurcies que par des nuages passagers ;
quiconque enfin ne confond pas monstrueusement la
justice et l'utilité et ne soumet pas l'une à l'autre, a entendu
avec douleur et scandale cette brusque apostrophe de notre
Démosthènes : « Quand les résultats sont mauvais, désas-
treux, qu'importent les intentions ! »

» Quel blasphème échappé à un grand talent ! Il m'importe peu que dans mes paroles, à moi, on trouve du fana-

tisme. Je l'avoue, à une époque où l'on ne pense et n'agit que par des calculs égoïstes, s'il m'arrive de rencontrer le fanatisme sincère, désintéressé, je le salue d'un signe de respect; car c'est toujours de l'héroïsme, l'héroïsme qui se trompe sur le but ou sur les moyens, mais qui pour cela n'a pas perdu sa sublime nature.

» Tant pis pour qui ne reconnaîtrait et n'admirerait pas dans ces vieux chouans l'inspiration qui les a poussés. Comment vous propose-t-on de les condamner, tant que celle dont ils ont suivi le drapeau ne sera pas condamnée avec eux et avant eux ? Ne vous étonnez point que je me fasse ici en quelque sorte son dénonciateur, moi qui lui ai offert de la défendre, sans doute et je serai prêt encore, mais par des moyens dignes de sa position et de son caractère. Si jamais elle comparaissait devant un tribunal et qu'elle consentît à répondre, vous l'entendriez revendiquer intrépidement la responsabilité dont je charge, je me trompe, dont je couronne sa tête; elle s'écrierait : Pourquoi vous en prendre à tant de malheureux, d'une insurrection qui n'a éclaté que par moi et pour moi ? comment vouliez-vous qu'ils résistassent ? je suis venue et je leur ai dit : Je suis la mère de votre roi.... Avec ces mots j'ai subjugué leurs hési- tations, j'ai maîtrisé leur volonté. Quand je leur ai com- mandé : Accourez mourir pour moi; à moins, à leurs propres yeux, d'être lâches et traîtres, ils ont dû accourir en répétant : *Nous voici, Madame, nous voici quand même !* Dans leur naïf et presque trivial langage, ils ont imité le cri magnifique des Hongrois à cette reine qui, comme moi, leur redemandait un trône pour son fils : *Moriamur pro rege nostro.*

» J'en suis sûr, messieurs, l'illustre captive ne me dé- mentirait point de la proclamer la grande, la seule coupable; cependant elle n'est pas même accusée.... Il est vrai, de violentes récriminations se sont soulevées contre le pouvoir, de ce qu'il a suspendu envers elle le cours de la justice.

» Je ne vous le cache pas, ma voix s'unirait à tant d'autres qui se plaignent et qui blâment, si dans la mesure, objet de tant d'attaques, je ne voyais qu'une courtoisie apparente envers la dynastie antique, avec la tendance secrète de ressusciter au profit de la dynastie nouvelle les idolâtries de la royauté.

» En songeant de qui cette mesure émane, j'y cherche et j'y trouve une pensée plus profonde et plus élevée. Dans les conseils du prince, siégent deux ministres surtout pleins de science, de talent et de vertu, dont je mets mon orgueil à m'avouer le disciple. Il m'en coûte d'ajouter que mes maîtres ne sont pas toujours fidèles à leurs livres et à leurs discours ; qu'ils inclinent les idées sous les faits, au lieu de dominer les faits par les idées ; qu'au lieu de partir en toutes choses du principe qu'ils croient le plus vrai, le plus beau, le plus saint, ils n'ont pas cette audace de logique que devrait déployer la philosophie, quand, par hasard et presque par miracle, elle arrive au gouvernement ; et qu'enfin, trop souvent effrayés par la rue et ses clameurs, ils cherchent à démériter du titre dont ils devraient être fiers, c'est-à-dire qu'ils immolent les doctrines aux affaires. Malgré ces tristes mécomptes que de plus en plus j'éprouve dans mon admiration pour eux, j'aime à me persuader qu'en violant les règles vulgaires ils ont eu pour but de consacrer la même vérité de morale politique dont je vous demande la consécration, savoir celle-ci, que dans une forte et sincère conviction de parti il y a une innocence supérieure au code pénal. De ce point de vue, qui n'est ni républicain ni monarchique, qui est rationnel, religieux, ils ont noblement fait de dédaigner les étroitesses de la procédure.

» Messieurs, je ne courtise personne, pas même ce qui pourrait être flatté sans bassesse, la puissance tombée. Je puis déposer à ses pieds mes sympathies et mon dévoûment; mes principes ne fléchissent pas devant elle. J'ai osé le déclarer à la royale prisonnière, et ma franchise ne lui a pas déplu. Pour moi elle n'est pas une reine, mais elle a cru l'être, elle l'a cru pour l'enfant qu'elle aime; au jour du jugement, elle aussi pourrait donc se détourner fièrement de ses accusateurs, et lancer vers le peuple, quoique dans un autre sens, ces mots si majestueux et si tendres : *J'en appelle à toutes les mères ! ! !* Ne vous méprenez pas sur le but dans lequel je la justifie; c'est justifier ses complices, puisque c'est elle qui les a séduits, qui les a entraînés, qui leur a communiqué la foi et l'amour dont brûlait son cœur maternel. Ce serait la plus monstrueuse violation de la justice distributive, de l'absoudre elle seule ; elle doit entraîner dans sa destinée tous ceux qui s'y sont attachés...

» Je crierais au privilége, à l'iniquité, si nos obscurs cliens n'étaient pas protégés par leur obscurité même. Encore une fois, qu'ont-ils fait, qu'obéir et se dévouer ? En les acquittant, vous rendrez un éclatant hommage aux plus nobles sentimens de la nature humaine, à ces sentimens qui ne l'inspirent qu'à condition de l'égarer quelquefois.

» Je suis heureux et fier de n'être d'aucun parti, au point de ne pas admirer ce que dans tous, sous leurs erreurs, et, si vous voulez, sous leurs crimes, il y a de grand et de saint. Si je ne craignais d'être mal compris, je ne dirais pas seulement : Grâce à Bourdin, à Bryon, à Cherrière, à tous leurs compagnons ! je dirais : Gloire à eux ! Ils ont marché, répète-t-on avec indignation, avec colère, à la guerre civile : qui vous le nie ? mais ne niez pas non plus qu'ils n'y aient marché sans calcul, sans crainte, avec abnégation, avec simplicité; de leur part ce fut un élan; ... ce fut plus qu'un élan, ce fut un sacrifice !!!

» Prêt de finir, je vous adresse une question :

» Savez-vous comment l'histoire, cette grande justicière,

appelle les hommes qui, pour le triomphe de leurs croyances en religion et en politique, ont affronté et obtenu des supplices ? des martyrs ! messieurs... et ceux qui donnent le martyre, ceux qui du haut d'un tribunal en jettent les sanglantes couronnes, savez-vous aussi comment l'histoire les appelle ? le savez-vous ?... Je veux bien ne pas chercher leur nom ni le dire, parce que je suis sûr que nul de vous ne voudra le mériter ! »

PLAIDOYER

POUR

MM. ADRIEN ET ULRIC DE BEAUCHAMP.

Après toutes les plaidoiries, Me Janvier, suivant qu'il l'avait annoncé, a présenté la défense des frères de Beauchamp :

« Je reprends, a-t-il dit, la parole, et vous savez pour qui ? pour ces deux accusés qui dès l'origine ont doublement excité vos sympathies par leur jeunesse et leur fraternité. Ma surprise a été grande, lorsqu'à mon entrée dans cette enceinte j'ai aperçu qu'on leur avait accordé le menaçant honneur de la première place.

» Peut-être aurais-je pu soupçonner là quelque artifice de la part de l'accusation ; peut-être aurais-je pu croire qu'en frappant vos regards elle voulait influencer vos consciences, et qu'en faisant poser en quelque sorte mes cliens au sommet de ces bancs, votre imagination s'accoutumerait à les considérer comme des chefs de conspiration : or, lorsqu'elle a l'imagination pour auxiliaire, la logique ne connaît plus d'obstacles.

» Mais non, messieurs ; je ne veux pas reprocher à l'accusation des habiletés qui feraient descendre la justice à un rôle, et la justice ne doit remplir que des devoirs.

» Cependant mon étonnement a redoublé dès que j'ai vu que l'arrangement matériel des accusés n'était que le canevas dramatique des premières paroles du ministère public (*),

---

(*) Dans ce passage, l'avocat a fait allusion à l'ordre dans lequel les accusés étaient placés sur les bancs, et à des feuilles imprimées distribuées au jury.

et que ces feuilles sur lesquelles sont inscrites de funestes
catégories, n'étaient que le squelette d'un système suivant
lequel mes cliens étaient haut placés dans la hiérarchie in-
surrectionnelle de la Sarthe.

» Les débats ont-ils donc confirmé ce système ? j'aurais
été heureux, je l'avoue, que M. l'avocat-général reconnût
qu'ils l'avaient renversé. Mais, en rendant hommage à de
brillantes qualités pour lesquelles il n'a pu rester sans émo-
tion, il a persisté à vous demander une condamnation dont
lui-même serait déchiré ; je lui porte le défi de m'en dédire.

» Ce qui indigne mes cliens et ce qui m'indigne avec eux,
c'est que l'accusation n'est pas seulement périlleuse pour
leur liberté ; elle est attentatoire à leur honneur. Ils eussent
compris qu'on fît d'eux de ces chefs apparens toujours
prêts à assumer les plus mauvaises chances d'une insurrection ; ils ne pardonnent pas qu'on les ait mis parmi ces chefs
occultes, qui ne se montrent qu'après que le succès est de-
venu certain. Le ministère public aurait dû reculer, sinon
devant le caractère politique, du moins devant le caractère
moral des faits qu'il leur impute. A leur âge, on s'élance au
milieu de la guerre civile ; on s'y déploie hardiment, mais
on ne la combine pas, on ne la calcule point. Si elle se fût
organisée en France ; s'il y avait eu deux partis, deux ar-
mées, presque deux peuples en lutte ouverte, Adrien et
Ulric de Beauchamp eussent pris conseil des circonstances
et de leur conviction. Je serais tenté d'affirmer qu'ils auraient
suivi l'exemple de leurs amis, que la guerre, dans son élan,
dans son éclat, eût exercé sur leurs jeunes cœurs d'irrésistibles séductions ; ils eussent été des hommes de combat,
ils n'ont pas été des hommes de complot ; et de cela seulement ils sont accusés devant vous.

» Je ne sais point, messieurs, ce que c'est que forcer la nature
d'une cause ; quelle que soit cette nature, je m'y résigne. La
défense que je vous ai présentée déjà, gisait surtout en con-

sidérations morales; celle-ci nécessitera de minutieuses discussions de faits. J'accomplirai ses exigences avec étendue, avec méthode. »

Et en effet, l'avocat a parcouru avec une dialectique sévère toutes les parties de l'accusation; nous ne pouvons qu'indiquer les points qu'il a soumis à un examen approfondi.

Il a successivement démontré qu'il n'y avait pas preuve d'un complot dans la commune de Cromières et les communes voisines; qu'en tout cas on ne pouvait en considérer comme les chefs ni MM. Le Bret et de Morand, ni MM. de Beauchamp. Impossible d'analyser les détails dans lesquels a dû se jeter le défenseur. Il s'est particulièrement attaché à répondre aux nombreuses inductions que le ministère public avait tirées de la rencontre de MM. de Beauchamp avec la bande Bourdin. Les argumens se sont pressés pour établir que cette rencontre n'était nullement une preuve de complicité.

Après une discussion légale sur les élémens constitutifs du complot, l'avocat est revenu de nouveau sur la rencontre avec Bourdin, et il nous a été plus facile de saisir ses paroles dès qu'elles sont rentrées dans le domaine des idées générales.

« Il est monstrueux de faire un crime aux frères de Beauchamp d'avoir voulu recueillir des fugitifs et sauver des proscrits. Une telle jurisprudence serait un plagiat de la législation si soupçonneuse et si sanguinaire des empereurs de Constantinople. Ce ne sera pas vous qui érigerez en attentats politiques l'humanité, et ce devoir sacré dont le nom fait palpiter tous les cœurs en France, l'honneur ! Vainement, pour incriminer, pour flétrir les actes que j'excuse, je me trompe, que j'exalte, prétend-on qu'ils ont été inspirés, non par une philanthropie généreuse, mais par des sympathies de poète. Quand cela serait, n'est-il pas naturel, n'est-il pas légitime d'être plus enclin à secourir les hommes avec lesquels on vit dans une communion d'idées, quoique en dissidence sur les moyens de les faire triompher? C'était la position de mes cliens; ils ont blâmé les malheureux qui imploraient leurs secours, de s'être imprudemment compromis; mais ils n'en ont pas été moins empressés de les dérober aux fatales conséquences de leur témérité.

» Messieurs, j'ose vous adresser cette question dans les mêmes circonstances, avec les mêmes convictions : n'eussiez-vous pas fait ce qu'ont fait ceux que pourtant on vous propose de condamner impitoyablement? Après comme avant, je le proclamerais, et il n'est pas de puissance qui pût m'en empêcher : ce serait la plus odieuse des condamnations. Une chose m'étonne et m'afflige surtout, qu'elle vous soit demandée par un magistrat pour qui (et je le ne dis pas par formule d'audience) j'ai une si haute estime. Prenez garde, messieurs, de voir en lui un guide infaillible; son ministère a des exigences et des aveuglemens inévitables.

» Il a contre mes cliens ce que d'Aguesseau a nommé *la prévention de la prévention;* plus son cœur inclinait pour eux, et plus il s'est roidi dans sa conscience. Sachant bien qu'il ne pourrait échapper à d'irrésistibles sympathies, il a pris ses doutes pour des sympathies, et il a ainsi faussé sa conviction. Dans cette cause, je le sais mieux qu'il ne le sait lui-même, il croit être convaincu et il ne l'est pas. S'il l'eût été complètement, il vous eût demandé plus qu'il n'a fait encore; c'est par inconséquence qu'il ne vous a pas demandé la condamnation des deux frères; leur culpabilité, je le proclame, est pourtant indivisible, et cette transaction qu'on vous propose, je la rejeterais avec dédain, si je ne craignais d'entendre derrière moi une voix déjà prête à m'interrompre : « Sauvez, sauvez mon frère avant tout, ne » risquez pas sa cause en l'identifiant à la mienne; sauvez » le, et puis vous songerez à moi; qu'il s'en aille consoler

» mon père dont les cheveux blancs vous ont inspiré un si
» douloureux respect, et ma mère, ma pauvre mère qui a
» tant pleuré depuis qu'elle n'a plus ses fils ! Quand je serai
» seul dans mon cachot, je serai malheureux sans doute ;
» je le serai moins que s'il l'était avec moi ; en pareil cas,
» le malheur ne se partage point, il se double. Qu'il soit
» donc acquitté, et je maudirai moins amèrement les juges
» qui m'auront condamné. »

» Oui, jeune homme, tu m'as parlé ainsi ; mais ton frère
m'a sollicité à son tour : « Surtout, me répétait-il il y a quelques instans encore, ne nous séparez pas quoi qu'il
» arrive! car sans moi, que deviendrait-il ! le désespoir le
» consumerait. Dès notre enfance, nous avons confondu nos
» destinées; nous avons toujours cru que deux frères étaient
» deux amis que Dieu lui-même prenait soin de choisir
» l'un pour l'autre, et nous avons tendrement pratiqué les
» vues de Dieu. S'il est coupable, je le suis avec lui, je veux
» être condamné avec lui; au moins l'injustice sera com-
» plète. »

» C'est à vous, messieurs, de terminer ce noble combat.
Vous lui donnerez l'issue qu'il doit avoir. Tous les deux s'en
iront en liberté. La liberté, c'est le bien, c'est le droit de
leur âge. A cet âge où la vie a besoin de se répandre au-
dehors, où il lui faut l'air dans sa pureté, le ciel dans son
éclat, être captif, c'est vivre d'une lente agonie. Depuis six
mois ils la subissent; la prolonger, ce ne serait pas seulement outrager en eux la justice, ce serait y torturer la
nature..... Quand ils auraient ainsi vu se flétrir dans la
solitude des prisons les plus beaux jours de leur exis-
tence, il n'y aurait plus pour eux d'avenir. Songez-y, il
s'agit de toute leur vie à faire ou à défaire, et voulez-
vous vous charger de cette affreuse responsabilité ? Ils
seront protégés devant vous, non-seulement par tant
d'espérances qui s'attachent à eux, mais aussi par tant d'af-

fections dont ils sont environnés. Je ne vous les ai racontées qu'en partie. Toutes, avant mon départ, m'ont donné le mandat que je suis venu remplir, et jamais je n'en ai reçu un plus déchirant. Ces prières, ces angoisses dont j'étais le témoin et l'objet, m'ont entraîné au-delà peut-être de ce que je devais. Je vous le confesse : j'ai promis que mes efforts seraient couronnés par le succès. Ne m'en blâmez pas ; pas plus que moi vous n'auriez résisté ; comme moi, vous auriez prédit le triomphe d'une innocence dont me rendaient témoignage la douleur et la vertu. Inconnu que je vous suis, je n'ai point le droit de vous demander de faire quelque chose pour moi ; mais je déplorerais ma présence, si mes promesses venaient à mentir. Comment oserais-je l'annoncer ? moi qui me suis engagé pour vous, parce que j'avais le pressentiment que vous seriez des hommes de bien et de cœur. Et ce pressentiment va se réaliser ; et quel bonheur pour moi d'apprendre à ces parens...... Non, non, messieurs, ce ne sera pas moi : je veux laisser à mes cliens toute la joie de leur acquittement. Eux-mêmes s'en retourneront, porteurs de la bonne nouvelle, vers ceux qui les attendent......... Chaque jour qu'ils tardent redouble les anxiétés ; et s'ils n'arrivaient pas, si.,.... J'écarte des suppositions qui vous sont outrageantes.

» Mais il est de mon devoir de vous le dire, leur condamnation serait plus qu'un deuil de famille ; toute une partie de la jeunesse française se sentirait frappée en eux ; elle croirait, et suivant moi avec raison, qu'ils ne seraient condamnés qu'en expiation des principes et des sentimens qu'ils ont communs avec elle.... Oui, j'en conviens, ils ont conservé les traditions héréditaires dans lesquelles ils ont été nourris ; oui, ils sont les amis de la dynastie tombée, et dans son exil ils la suivent de leurs regrets, et peut-être de leurs espérances.... Mais s'ils la regrettent et l'espèrent, c'est qu'elle leur semble avoir emporté avec elle les destinées de la patrie. Au fond, c'est la patrie qu'ils chérissent, et leur fidélité chevaleresque est un patriotisme qui n'est ni moins pur ni moins ardent que le nôtre.

» Il me semble cependant que la révolution eût pu les convertir et les ramener à elle, eux et leurs pareils ; il fallait qu'elle les séduisît, qu'elle les subjuguât par l'étonnement et l'admiration ; qu'elle fût philosophique, religieuse, poétique, libérale, triomphante ; qu'elle se couronnât de tous les genres de gloire ; et ils l'auraient adorée avec dépit d'abord, et puis avec enthousiasme. Ils se seraient dit : « Nous honorons la sagesse et les vertus de nos ancêtres ; nous sommes touchés de leurs douleurs ; mais nos pères ont été de leurs temps, et nous voulons être du nôtre. Les siècles ont marché, et, dans leur cours, ils ont renversé la vieille monarchie ; à vingt ans, il messied de s'asseoir sur des ruines, et d'y pleurer éternellement. Pour la plupart, vierges que nous sommes de sermens, libres dans notre dévoûment, nous nous rallions à une révolution providentielle, puisqu'elle conduit un grand peuple à la civilisation, par des voies inconnues et plus rapides. »

« Mais vous étonnerez-vous que les fils de la France ancienne ne se soient pas rattachés, lorsque les fils de la France nouvelle éprouvent eux-mêmes tant de mécomptes ?

» Si notre brillante et généreuse jeunesse est légitimiste ou républicaine, à qui la faute ? sinon à des pensées étroites ou à des volontés pusillanimes, qui n'ont pas su ou n'ont pas osé ouvrir la carrière à son activité, qui ne l'ont pas poussée au triple but vers lequel ses instincts l'appellent, vers le vrai, le beau et le bien... Je le dis dans l'amertume de mon ame : on n'a rempli envers elle aucuns des devoirs de cette paternité sociale qui appartient aux gouvernemens ; on l'a laissée sans direction, et dès qu'elle a failli on s'est montré impitoyable envers elle.... On l'a traînée sur les bancs de la cour d'assises, au lieu de la convoquer sur les

bancs des écoles ; on a prétendu l'initier au droit politique
avec des réquisitoires, et, j'en frémis de pitié et d'horreur,
lui faire donner des enseignemens d'ordre public par la main
du bourreau. Je n'exagère pas, je raconte. Vous savez à Paris
ces héroïques enfans de juillet, qui ont subi des peines
infamantes et cruelles; voici, je ne sais si c'est par com-
pensation, qu'on vous propose les mêmes rigueurs contre
des enfans de la Vendée, et ce ne sont pas les seuls de leur
âge et de leur parti, destinés à paraître à cette place.

» Croit-on que ces condamnations qui tombent sur quelques-uns servent d'exemple ? désabusez-vous, ce sont autant
de provocations qu'on jette dans des ames ardentes. On les
exalte, on les déprave; on les fait s'acharner à la vie agitée
et stérile des conspirations ; tant qu'il y a un ami, un compagnon menacé de l'échafaud, qui languit dans les fers, qui
est banni sur la terre étrangère, elle croirait lâcheté et
trahison à rentrer dans la soumission aux lois. Il faut à
tout prix qu'elle délivre ce compagnon, cet ami ; et si déjà
il est sacrifié, il faut qu'elle le venge. D'abord expansive et
turbulente dans ses complots, à mesure qu'on la comprime
par les supplices elle devient mélancolique, opiniâtre.
Toute une génération de Sand est au bout du système que
je signale et que je réprouve; génération, il est vrai, qui a sa
dignité et sa sainteté morale devant Dieu, mais qui est la ter-
reur et le fléau des hommes.

» Messieurs, ceux que j'accuse d'être des corrupteurs, des
tentateurs politiques, le sont à leur insu, sans le vouloir ; je
leur reproche l'ignorance et non la perversité. Il y a bien de
l'orgueil de ma part à le penser et à le dire ; mais à leur
place je m'y serais mieux pris pour ramener ces intelli-
gences si naïves et si sincères, soit qu'elles rêvent de la per-
pétuelle insurrection du peuple, ou de l'inviolable souverai-
neté du prince. Je leur aurais montré qu'elles s'usent à des
chimères. Je leur aurais appris la vanité de ces débats vio-

leus et subtils sur l'origine et la forme des gouvernemens ; je les aurais convaincus qu'un gouvernement qui existe a des droits à-la-fois respectables et conditionnels ; qu'on doit le juger par ses œuvres, l'aimer ou le haïr pour elles ; et les œuvres n'auraient pas démenti les discours, elles en auraient été incessamment la plus éclatante justification.

» Que si pourtant sur les places de Paris ou dans les landes de l'Ouest, quelques jeunes gens eussent tenté de lever l'étendard de l'insurrection, je les aurais accablés de clémence; je me serais hâté de leur annoncer leur jugement ou plutôt leur pardon : Retournez, leur aurais-je dit, conspirer contre un pouvoir qui sait vaincre ses ennemis et ne veut pas les punir. Voilà comme on gouverne, comme on pacifie, et non avec ces routines cruelles qui n'ont réussi à aucun gouvernement.

» Messieurs, si l'occasion vous en était donnée, vous seriez aussi magnanimes. Je ne vous demande aujourd'hui que d'être équitables ; mais soyez-le, je vous en conjure. En me dévouant à la mission dont je vous parlais en commençant, je n'ai pas seulement aspiré à être le consolateur de bien des douleurs domestiques ; j'ai porté plus haut et plus loin mon ambition : je n'ai pas désespéré d'être un médiateur entre les partis ; vous comprendrez que par mes sympathies j'ai assigné à la jeunesse un grand rôle dans mes projets. Ne jetez pas au travers, je vous en supplie, un arrêt qui pourrait leur être un invincible obstacle. Que pourrais-je répondre, messieurs, à mes cliens qui me crieraient : « Nous admet-
» tons votre doctrine ; nous jugeons la révolution par ses
» œuvres ; vous prétendez lui conquérir notre foi et notre
» amour... eh bien ! voyez ses œuvres, elle nous condamne,
» et nous sommes innocens ; vous le savez, vous l'avez dit
» et l'on ne vous a pas cru ; nous sommes condamnés,
» niez donc que ce ne soit le règne de l'iniquité. » Et je serais réduit à me taire et à déplorer encore une illusion

détruite, illusion qui pourrait n'en être pas une, pour peu que je fûsse secondé. Je veux parler d'une sainte alliance entre les fils du siècle, alliance qui amenerait la réconciliation de nos pères et que bénirait notre postérité !

www.ingramcontent.com/pod-product-compliance
Lightning Source LLC
Chambersburg PA
CBHW070739210326
41520CB00016B/4508